JN409074

행복연습

꼬마시인 김정일

광안대교

행복연습

발 행 일 2019년 8월 8일

지 은 이 김정일
펴 낸 곳 하늘책
펴 낸 이 김소휘

출판등록 2009년 8월 24일 (제338-2009-000006호)
주 소 부산광역시 해운대구 센텀동로 57 (부산디자인센터 702-2호)
연 락 처 전화 : 051 611 3970 | 팩스 : 051 611 3972

책 값 10,000원
ISBN 978-89-97840-16-8

행복연습

꼬마시인 김정일

하늘책

내가
나에 의한
나를 위한 시집
오로지…

꼬마시인

프롤로그

한 시인의
감동적인 강의와
멋진 삶을 보면서
나도 시인이 되어야겠다는
꿈을 꾸었습니다.
누구 하나
읽어주지 않아도
내 삶을 바꿔준
시인의 이야기가
이제는
나의 시가 되어
내 삶을 바꿔줄
시를 쓰고 싶었습니다.
무조건.

차 례

2부

-

작게

3부

-

소박하게

4부

-

사람살이

1부
-
시작

행복, 그 첫 걸음…

마음먹기
고민하지 않기
행동하기

시인의 인생

잠깐을
함께 했을 뿐인데
시인의 만남은 참으로 감동을 줍니다

시가 아름다움을 노래하듯
시인의 삶도 아름다움을
알 수 있습니다

왜냐면
시인은 가장 아름다운 것으로
자기 인생을 노래하기 때문입니다

시인의 인생이
아름다운 까닭은
실 낱 같은 희망을
감동으로 노래하기 때문입니다

시인의 인생이
아름다운 까닭은
보이지 않는 희망을
꺼지지 않는 열정으로
노래하기 때문입니다

시인의 인생이
아름다운 까닭은
힘겨웠던 가난을
용기로 노래했기 때문입니다

시인의 인생이
그토록 아름다운 까닭은
자기의 삶을
자기의 길을
뜨겁게 사랑하기 때문입니다

행복한 날

어제는 미숙했지만
정직한 씨를 뿌리고
땀으로 밭을 일구었습니다

오늘은 최고의 선물이기에
남다른 열정을 품고
감사함으로 나의 일터를 가꾸었습니다

내일은
어제와 오늘이 있기에
참으로 행복한 날입니다

시인의 시처럼 1

마음이 애틋하여
길을 나선 님을
보낼 수 없습니다

여운이 남아
이대로 님을
보낼 순 없습니다

벅차오르는
감동을 남긴 체
님은 갔습니다

그러나
님이 남겨둔 게
있습니다

나도
님의 시처럼
시가 되어 살리라

이젠
지나간 두려움 따윈
묻어 둔 체
시를 쓰고 싶습니다

내 인생
아름답도록
시를 쓰려합니다
님의 시처럼

나의 인생을
노래하렵니다

님이여
나의 시가
인생을 노래해요

나의 인생도
님의 시처럼
아름답습니다

행복연습

행복이란
믿음의 터 위에
사랑 반석 다지고
결혼이라는 주춧돌 놓고
가족이라는 기둥을 세워
책임감이라는 지붕 얹고
실패와 절망 막아줄 벽 바르고
그 사랑 영원히 식지 않도록
보일러를 시공하고
알콩달콩 벽지와
장판을 까는 것이다

행복이란
로또처럼
이유 없지 않고
관심 정원을
일상에서 가꿀 때
비로소
찾아오는
세 잎 클로버

행복은
웃음을 선택하고
사랑을 연습하는 길
오늘도 나는
너를 위해
행복을 연습한다

서른 즈음에

가을이면
언제나 찾아오는 단풍
그 단풍이
아름답기만 했는데
화려한 단풍이 지고
비참하도록 마른 놈이
서른 즈음에야
처음으로
내 가슴에 들어왔다
갑자기
몸속에서
주체할 수 없는
외로움이 꿈틀 거린다

행복을 주는 사람

나는 행복을 주는 사람
꺼지지 않는 열정으로
행복을 주는 사람이고 싶다

행복을 주는 사람
내 인생 최고의 선물
행복을 주는 사람이고 싶다

나의 사랑, 나의 행복
행복한 삶을 살고 싶다

나는
그와 눈 맞추고
그에게 귀 기울여
그를 들이쉬고
그를 노래하며
그와 춤추리

세상 모든 사람들이
이처럼
행복했으면……

자선냄비

땡! 땡! 땡!
부산역 광장에서
자선냄비를 알리는 종소리가
오늘따라 귓가에 선명하다

불우한 이웃을 도웁시다
결코 어려운 것이 아닙니다
주머니의 동전 하나 지폐 하나면
충분합니다
땡! 땡! 땡!

결코 난
자비를 구걸하는 사람에게
은혜를 베푼 적이 없다
일할 수 없어서 구걸하는 게 아니라
구걸하는 게 일이기 때문이다

그러나
자선냄비는 아름다운 자비다
날씨가 추울수록
자선냄비는 뜨거워진다

주머니를 털어
동전을 비우니
내 맘도 덩달아
가벼워진다

겨울이면
언제나 들려오는
자선냄비의 종소리가
유난히도 은은하게
내 마음에 소리친다

동대구역 냄비우동

언제나 출장을 가면
아침을 먹지 않는다
동대구역 냄비우동이 있기 때문이다

센 불에 육수를 끓이고
면을 넣고 유부와 쑥갓, 계란 하나를
넣었을 뿐인데
끝내주는 맛이 있다

언제나 출장을 가면
기차를 타기 전에
냄비우동을 먹는다
뜨거운 면발을
훌훌 불어가며
급하게 먹어야 제 맛이 난다
기차를 놓치더라도
국물까지 다 먹어야
아쉬움이 없다

세월이 흐르면
옛 맛이 그리워진다
나도 이제
세월이 흘러
옛사람이 되어가나 보다

예전에 먹었던
동대구역 냄비우동 맛을
잊을 수가 없다
다시 한번
그 맛을 느끼고 싶다
옛 맛 그대로

당신은 누구십니까?

나는 행복을 주는 사람입니다
내 속엔
무한한 열정과 에너지를 만드는
발전소가 있지요
쉼 없이 창조되는 행복들
나는 행복한 사람입니다

나는 세상에서 가장 아름다운
아내의 멋진 남편입니다
아내에겐 남편이 한 명뿐이죠
아내를 사랑해준 남편은
내가 처음입니다
이 자리를
누구에게도
양보할 의사가 없으니
참으로 난
행복한 사람입니다

나는 세상에서 가장 좋은 아빠입니다
현서와 윤서는
나를 제일 좋아하고
항상 최고라 부릅니다
나는 가족을 위해
날마다 기도하고
성실하게 일하며
건강을 관리하고
행복을 연습하며
가족 모두의 감정의 그릇을
채워주기 위해 노력하는
멋진 가장입니다

내 꿈은 행복을 주는 사람입니다
가족과
일터 사람들과 친구들
공동체와 지역사회
세상 모든 사람들에게
행복을 주는 게 나의 꿈입니다
이 꿈은 소박하기에
꼭 이루어질 것 같습니다

오늘도 나는
나의 가정을
나의 일터를
내가 속한 공동체와 지역사회를
대한민국과 세계를 무대로
무한한 열정과 에너지를 발산하며
내 인생 향기롭도록
멋지게 살아가는
행복한 사람입니다

시인의 시처럼 2

시인의 삶은
모든 것을 노래하기에
아름답습니다

시인의 삶은
낭만이 있기에
행복합니다

시인의 삶은
한 잔 커피처럼
향기롭습니다

나의 인생도
시인의 시처럼
최고의 삶입니다

희망의 씨앗을 뿌릴 수 있다면

참으로 긴 터널을 지나고 보니
절망 속에서도
희망의 씨앗을 뿌릴 수 있을 것 같습니다

인생의 쓴맛을 느껴 보니
이 맛도
즐길 수 있는 낭만이 생겼습니다

인생의 침체기가 오면
그냥 물끄러미
그놈이 지나가도록 기다리면 되지요

에스프레소를 잠시 머금다가 삼키면
향긋한 커피 향을 느끼듯
인생의 고비도 지나고 보면
웃을 수 있습니다

방황의 한 복판에서
희망의 씨앗을 뿌릴 수 있다면
방황의 끝에서 행복을 외칠 수 있습니다

절망을 즐길 수 있는 사람
당신은 참으로 낭만적인 사람입니다
행복한 사람입니다

아이에게

꿈이 삶의 원동력이라면,
그것만 꾸어도 살 수 있는
세상이 있으면 좋겠어요

삶이 고독한 여정이라면,
한글을 떼기 전에
혼자 노는 재미를 가르쳐주면 좋겠어요

오직 하나만을 향해 달려가는
세상의 흐름에
발맞추지 못하는 사람이 더 많다면,
성공하는 습관을 가르쳐주기 전에
친구 사귀는 법을 가르쳐주면 좋겠어요

장밋빛 인생이 아니라면,
사칙연산을 배우기 전에
좌절을 딛고 일어서는 법을
가르쳐주면 좋겠어요

꽃길만 걷는 인생이 아니라면,
논술을 배우기 전에
꽃길이 아닌 아버지의 인생을
조금만 더 보여주면 좋겠어요

나도 잘 모르겠다고
행복하게 사는 공식이 무엇인지
솔직하게 말해주면 좋겠어요

꿈이 삶의 원동력이 되어
이 다음에의 그것을 위해
행복을 미래에 양보하는
불쌍한 것들에게

2부
-
작게

행복, 그 두 번째 걸음…

작게
더 작게

주말 오후 1

12월의 포근한 오후
딸아이와
솔마루 공원 익스트림 게임장에서
인라인 스케이트를 탔다

게임장을 오르내리고
미끄러지기를 반복하고
아빠는 동영상을 찍으며
깔깔거린다

신나게 놀고
커피숍에서
고구마 라떼와 초코쿠키 쉐이크 한잔
아이의 달콤한 수다와 행복한 눈망울
12월의 포근한 오후가
너무나 행복하다.

주말 오후 2

12월의 따뜻한 오후
아들과 함께 산악자전거를 탔다
좌광천 산책로를 따라
용상교를 지나 정관도서관 옆
소두방 공원 숲길을 탔다

숲에서 아들과
처음 타는 자전거길
오르막길도
내리막길도
평평한 길도
만만치가 않다

숨차고 힘든
오르막길을 지나
언덕 정상에서
처음 해본 다운힐

긴장한
아슬아슬한 웃음이
귀엽다
아들과 처음 타본 숲길
12월의 포근한 오후가
참으로 행복하다

사랑을 위한

너 나를 위해
무엇하나 주지 않아도
아쉬워하지 않도록
아무런 욕심 없이
너와 있는 것만으로
웃을 수 있는 나이고 싶다

작은 오해와 실망에도
지금까지의 너를
다르게 보지 않도록,
뜨거운 열정보다는
언제나 한결같은 마음으로
너를 바라보고 싶다

내 앞에서 언제나
행복한 웃음을
보이기보다
가슴이 벅찬 날에는
실컷 울고 눈물 닦으며
풋풋한 웃음 보이는
너의 마음 편한
나이고 싶다

행복한 가정

흙에
뿌리를 내리면
생명력을
떨쳐 드리우는
담쟁이처럼
두 손 부여잡고
비바람 역경도
넘어가시는
행복한 가정
만드소서

색동옷을 입은
사랑스러운
저 도자기 인형처럼
토닥토닥
마주 앉아
미소 짓는
행복한 가정
만드소서

결혼을 한다는 것

농부는
보습과 볏을 단 술에다
한마루로 성에를 단단히 고정했다

성에 끝에
까막 머리 달고
멍에에 봇 줄 꽁꽁 묶어
그놈의 모가지에 씌웠다

놈에게
코뚜레를 끼워
고삐를 다니
소와 쟁기의
불가분의 관계가 연결된다
결혼은 달콤한 멍에
사랑의 구속과 의식적 억압
서로의 멍에를 메고
쟁기질하듯 균형을 잡아야 한다

달콤 살벌한 결혼살이가
고삐를 당겼다 늦추었다 반복하니
잘도 간다

결혼기념일

아이들에게
오늘은
엄마 아빠의
결혼기념일이니
차려 놓은 저녁을 먹고
설거지하고
자기 방 정리하고
엄마 아빠를
기쁘게 할 고민을 해라 부탁하고
저녁 데이트를 갔다

고급 레스토랑은
어데 가고
60년 전통 순남 시래기에서
묵 비빔밥과 시래기국 한 그릇
맛나게 먹었다

바로 옆 카페에서
아내는 항상 아메리카노
나는 에스프레소
2016년 1월 4일
13번째 결혼기념일도
이렇게 가나보다

불감증

고요함
어두움
하늘의 별
안전한 물
깨끗한 공기
건강한 먹거리
넓게 트인 푸른 대지
농부의 쟁기질
가뭄의 고통과 해갈의 기쁨
멱 감는 강
무더운 여름날의 계절감
이웃사촌
정
불편
족함
느림과 기다림
진정한 행복

옛날에는
아무 수고 없이 구할 수 있고
넘칠 만큼 많았던
지금은
하늘의 별 따기가 된
문명사회가 만들어 낸 것들

소망

죽음 너머에
있다
그 소망

혼자 마시는 커피

혼자 있을 때
마시는 커피는
뜨거울 때 한 모금
미지근할 때 한 모금
차가울 때 한 모금
천천히 마셔야 좋다

외로울 때
마시는 커피는
모락모락 올라가는
커피 향을 눈으로 마시고
다 식어빠진 커피를
곱씹으며 마셔야
저린 가슴이 위로된다

화가 났을 때
마시는 커피는
아이스 아메리카노를
단숨에 마셔야 좋다
그놈도 함께 내려보내고
향긋한 커피 향만 남도록

도시농부

친환경 생태순환 유기농을 기본으로
지속 가능한 농사를 짓는
도시농부

천직과 작은 농사의 병행은
적게 벌고 적게 쓰는
여유로운 삶으로 안내하는
느린 혁명이다

텃밭,
도시에서 생태적으로 사는 길을
가장 효과적으로 인도하는
나침반

자급자족의 삶
치유의 공간
이 밭에 서면
신 앞에 선 것처럼
작은 나를
발견한다

멈출 수 없는

인간의 오만은
드러난 것보다
숨겨진 것이 더 많다

인간의 탐심은
품은 것보다
품을 것이 더 많다

인간의 편견은
생각보다 더
바보 같다

알면서도
멈출 수 없는
다 낡아빠진 브레이크 패드 같은
그것

백암온천

88번 국도를 따라 꼬불꼬불 올라가면
예전에는 제주도와 함께
여행지의 대명사였던
백암온천 한화리조트가 있다

화려한 시절은 가고
평범할 것도 없는
초라한 외모와 한적함

백암산이 훤하게 보이는 큰방과
입구에는 작은방이 있고
그 사이에는 작은 부엌이 있다

문을 열고 들어가니
세월의 냄새가 난다
한 평 남짓한 테라스는
흰색 페인트가 두껍게 칠해져 있고
그 사이로 철의 눈물이 고여 있다

사람도 늙으면 냄새가 난다
화려했던 젊은 시절은 간데없고
추함과 미의 차이도
배움과 배우지 못함의 차이도 없는
세월의 냄새가 나는 이곳에서
여독이 풀릴 만큼 단잠을 잤다

5월의 눈부신 햇살에 인지
창문 틈 사이로 새는 바람 소리에 인지
아침이 온다

신록은 이제 막 푸른데
평범할 것도 없는
세월의 냄새가 익숙해져 버린 이곳에도
5월의 눈부신 아침이 왔다

3부

-

소박하게

행복, 그 세 번째 걸음…

소박하게
더 소박하게

냉이 사랑꽃

십자화과 두해살이풀 냉이는
춥고 매서운 겨울날을 견디고
향긋한 봄나물을 선물한다

오월이면 수줍은 꽃이 피고
사랑열매를 맺어
또 하나의 감동을 준다

혹독한 세월을 견딘 냉이도
아낌없이 주다가
사랑꽃을 피우거든

사람으로 태어나
수줍은 사랑 한 번 못하고서야
어찌 자랑할 만한 인생이라
내세울 게 있으랴

다행이다

행복하다는 것은
삶의 기쁨과 만족감으로
흐뭇하다는 것이다

행복하다는 것은
고통의 일상을 살다가
한 순간
이 순간
행복해서 다행이란 걸

마치
주문을 외듯
오늘도
소리쳐 본다
나의 행복을
다행이란 걸
다행이다
행복해서

느린 혁명

키가 148 센티미터요
탄탄한 체력과
환상적인 눈웃음의
슈퍼 마리오를 닮은
지적장애 26세 청춘 권준호

혼자 버스 타기
깔끔하게 옷 차려입기
면도하기
대인관계 하기
일에 집중하기
과제 완성하기
모두가
반복된 훈련을 통해 얻을 수 있는
생존기술

달콤 살벌했던 첫 직장
임금체불 두 번째 직장
보배로 거듭난 세 번째 직장에서
몸으로 갈고닦은
5년의 생존기술이 발휘되다

지적장애로 태어나
아들의 역할을
학생의 역할을
형과 장남의 역할을
직업인의 역할을
서툴지만
아주 느리게
완벽히 수행하는
준호의 느린 혁명

천부의 재능은
가족과 사회와 나를 위해
발휘하는 것,
그리고
느리지만
분명하게
앞으로 가는 것이
인생이다

이기기 위한 삶이 아니라
조화와 균형을 이루는 삶이
행복하게 사는 공존 기술임을
준호에게서 배운다

포항물회

초여름 동해를 갔다
부산으로 돌아오는 길에
30년 전통의 맛
포항물회를 먹었다

회를 골고루 비빈 후 생수를
반 컵 정도 넣고 자작하게 먹는 맛이
일품이다

처음 먹는 사람을 위해
물 없이 기본양념에
초장을 약간 추가하여 국수와 비벼먹는
비빔회

뜨거운 밥을 식힌 후
초장과 함께 비벼 먹는
회덮밥

비빔회를 먹다가
물회를 먹고
남은 국물에 밥을 말았다
30년의 전통이
끝내주는 맛이다

일탈

요양보호사 보조 일자리에 참여하는
발달장애인 근로자들과 함께
감천문화마을에 갔다

벽화를 감상해야 하는데
이길 수 없는 더위를 피해
감내 카페에 눌러앉았다

에어컨 바람이
더위를 몰아내고
여행사에서 정해준 시간이
다 되어 가는데
아이스 아메리카노 팥빙수 스무디와 함께
시원한 수다를 떨었다

정해진 일정에서 벗어나
벽화 감상은 뒷전이고
감내 카페에서
일탈을 즐긴다

맑은 집

삼면이
투명한 유리 벽
앞이 훤하게 트인
솔마루 공원 맑은 집

여름의 뜨거운 태양과
겨울의 매서운 바람을
소박하게 막아주는
솔마루 공원 맑은 집

이 집에 들어오면
한 가지 소원만 애타게 기다리니
참으로 쉽지 아니한가
내 삶도 이렇게 소박했으면.

감내 카페

나는 너에게
행복을 명령한다

뜨거운 햇살 아래
감내 카페

잠깐의 쉼이
이토록 달콤한데

뛰는 심장이 있음에
감사할 따름.

홀연히

천천히
아주 천천히
왔다가
홀연히
떠나버린
너

너와 나눈
말은 적지만
너와 나눈
눈빛은
헤아릴 수 없으니
그 눈빛
어이 잊으리

26세
피 끓는 청춘은
어찌하라고
그리도
급하게 숨어버렸나

이제
너의 웃음을
동무삼아
이 지겨운 생을
버텨보리

이제
너의 웃음과
어깨동무하고
네가 간 길을
미소 지으며
살아보리

힘들단 말일랑
혀끝에
머물지 못하도록
마냥
웃어보리

농부의 밥상

농약과 제초제, 화학비료를 쓰지 않고
유기농으로 농사를 지었다고 해서
건강한 농산물이 되는 게 아니다

농부는 사람과 자연을 아끼고
사랑하는 마음이 있어야 한다

돈을 벌기 위해
빛 좋은 개살구를 위해
유기농 자재를 뿌리거나
스마트팜을 만들거나
익충과 해충의 잣대로
자연의 일부를 괴롭혀서야
어찌 진정한 농부라 할 수 있을까

이편과 저편에서
잣대의 편견을 버리고
평화롭고 기쁨 마음으로
농사를 지어야
작물은 약이 되는 것이다

돈 만 있으면
무엇이든 사 먹을 수 있는 세상에서
돈으로 먹을 수 없는
농부의 밥상이 있다

밥상은
자연과 농부가 함께 일군
성스럽고 아름다운 결정체이다
밥상에는
자연과 농부의 깊은 우정이 있고
서로를 위로하는 따뜻한 사랑이 있다
돈으로 살 수 없는

가지 않은 길

귀농학교 학생이 되어
우수한 성적으로 졸업을 했다
선배들의 한마디 한마디가
틀린 것 없이 옳은 것 같은데
왠지 세상은 거꾸로 가고 있다

농약도 화학비료도 비닐멀칭도
사용 말자는 3무 농법이니
자기 똥오줌을 3년 이상 먹지 않으면
병에 걸린다는 말이며
생태뒷간을 만들어 오줌과 똥을
퇴비로 만드는 기술
한 달에 50만 원만 벌면
자급자족할 수 있다는 귀농이야기…

한 숟가락의 흙에는
일억 오천 마리의 균이 살고 있고
똥 속에는
지구 인구보다 훨씬 많은 균이 살고 있다

단언컨대
보이지 않는 것은
보이는 것보다 위대하다
가지 않은 길은
걸어가는 길보다 숭고하다

귀농은 꿈같은 현실이지만
도시에서 농부가 되었다
흙을 사랑하고 가꾸고 살리는 농부는
세상을 거꾸로 사는 사람이다
가지 않은 길을 가는 개척자이다

옛날에는 누구나 가야 했던 그 길
하지만 아무나 가지 않는 길
그러나 가야만 한다
사람을 살리고 땅을 살리는
그 길.

그 친구

생각만 해도
눈물이 나는
사람이 있다

사진 속에서
동영상으로
가끔씩 그 친구를
한 참 들여다보다
눈이라도 마주치면
눈물이 난다

부고를 받은 지
2년이 다 되어 가는데
가끔씩 그 친구가
생각나면
눈물이 난다

동명이인의 친구에게
마음을 주려하지만
그 친구와 나눈 눈빛이
잘 잊혀지지 않는다

이름

아이의 이름 짓기는
부모의 특권이다
첫째가 태어났을 때
한 달의 기한이 차기까지 고민했다
어질 현(賢), 살 서(棲)
착하게 살아라

둘째 아이는
윤택함과 예쁨을 재고 또 재었다
그래도 잘 사는 사람 하나쯤은
있어야 하지 않겠느냐 고민했지만
예쁠 윤(贇), 살 서(栖)
예쁘게 살아라

이름은 참 좋은데
왠지
나와는 다른 삶 같다
아이만은 그렇게
착하게 예쁘게
살았으면 좋겠다

4부

-

사람살이

행복, 그 네 번째 걸음…

사람살이,
살아가는 것이 의미이고
목적이다
·
·
·
사람이 산다는 것

정도(正道)

삶에 지름길은 없다
지금이 존재할 뿐

성공을 위해 애쓰지 마라
끝없는 길일뿐

목적이 이끄는 삶을 가지 마라
인생이 목적일 뿐

심장이 뛰는 것만으로 감사하라
숨 쉬고 있으니

올곧게 사는 것이
지름길이다

올곧게 사는 것이
편안한 길이다

더디어도
잘은 못해도
바르게 가자

잠 못 이룬 밤 1

열
까마득히 지워진
밤

스물
기뻐
잠 못 이룬 밤

서른
슬퍼
잠 못 이룬 밤

마흔
이상하게
좋은 밤

쉰
아쉽도록
좋은 밤

예순
여전히
좋은 밤

일흔
기운이 진하여
평안한 밤

잠 못 이룬 밤 2

아홉 살의
마지막 밤은
까마득히 지워진 밤,
곱씹고 곱씹어도
알 수 없는 인생이다

열아홉 살의
마지막 밤은
기뻐 잠 못 이룬 밤,
십 대의 마지막 밤을 보내며
눈곱만큼도 아쉬워하지 않았다

스물아홉 살의
마지막 밤은
슬퍼 잠 못 이룬 밤,
이십 대의 마지막 밤을 부여잡고
아쉬워했다
이루지 못한 꿈과
불확실함과
퇴사와 이직의 갈등이
범벅이 되어
엉망진창인 밤,

이십대여 가지 마라
삼십대여 오지 마라
아쉬워했다

서른아홉 살의
마지막 밤은
묘하게 좋은 밤,
하루 세 끼 먹을 것과
입을 것과 잠잘 곳이 있고
무엇보다 건강이 있으니
더 이상 바랄 게 없다
하지만
실패와 방황을 제대로 한 시절
가장 중요한 것을 잊은 채
나의 문제에만 틀어박혀
이기적으로 살았다

마흔아홉 살의
마지막 밤은
아쉽도록 좋은 밤,
지나가는 세월을 벗 삼아
좋은 추억을 만들고 싶다

사십 대 초반
생태적이고 행복한 도시농부가 되었다
식탁은 직접 키운 채소와
건강식으로 풍성하다
유기농과 자연농은
자연과 사람이 조화를 이루는 삶이
얼마나 소중한 지
가르쳐 준 스승이 되었다

쉰아홉 살의
마지막 밤은
여전히 좋은 밤,
여태껏 살아온 인생을 정리하고
계산하고 청산하리라
벗은 몸으로 태어나
천국에 가져갈 수 없도록 모았으니
이제는 소비하리라
죽을 때쯤 이 땅에 남길
아쉬운 물건이 없도록

예순아홉 살의
마지막 밤은
기운이 진하여 평안한 밤,
구태여, 무엇을 더 구하고 싶지 않다
그동안 얼마나 많이 바라 왔던가
더 이상 고행을 멈추고 싶느니
창조주님,
평안한 밤을 허락하소서.

남녀 1

남편은 항상 묻는다
내하고 사는 게 좋으냐고

아내는 항상 말한다
그런 건 묻는 게 아니라고

남녀 2

침대에 누워 시를 쓰며
읊고 있는 나에게
청소를 하던 아내가 말한다

개미와 베짱이 같다

남자와 여자가 만나
결혼을 한다는 것은

인생 1

인생은
외로운 길을
홀로
걷는 것

사랑하는 이가
곁에 있어도
언제나
홀로 걸어야 한다

인생은
수고의 언덕
인내의 계단을 넘어
작은 성공을 만끽한 후엔
또 다른 언덕을 향해
묵묵히 걸어야 한다

잠깐 쉴 수 있어도
멈출 수 없는 길

인생은
수고의 언덕
눈앞의 절망이
아무리 가팔라도
넘어버리면 될 것을
그리곤
그 언덕의 끝에서
외치면 된다
야, 너, 이임~마…

인생은
너와 함께
험난한 수고가 밀려와도
바보같이 살다가
떳떳하게
홀로 서는 것,
신 앞에

친구

나에겐
고난이 친구였다
내 인생을
아주 겸손하게
만드는 친구

그 친구는
언제나
내 곁에서
나를 작게 만들었다
신 앞에
설 수 있도록

고난을
극복하는 방법은
그 친구와
사귀는 것이다

함께 할
친구가 있으니
극복하는 게
어렵지 않으리

절망을 건너온
사람만이
절망의 끝에서
소리칠 수 있다
도대체 넌 무어냐고

우리는
항상 경험한다
절망을 넘고 나서야
그것이 별게 아님을

그러나
항상
그놈은 버겁다
그 재를 넘기 전에는

오늘도
다짐한다
그 고개를
기꺼이 넘어 보리라

그리고
또 외칠 것이다
나의 행복을,
또 만끽하리라
나의 인생을

인생 2

인생이란
질퍽한 길에서
일어서는 것

눈이 오면 눈길을
비가 오면 빗길을
걷는 것

미끄러운 길에서
균형 잡는 것
균형 잡기를
멈추지 않는 것

잠시
쉼 호흡을 하고
다시 가는 것
인생이란
쳇바퀴 돌 듯
좌절과 행복을
반복하는 것

인생이란
질퍽한 늪을 지나
웃는 것
기운이 진할 때까지

지혜

지혜란
진실한 것을 볼 줄 아는 것
진짜의 눈으로
흐림 없이
현상을 보는 것이다

지혜란
생명의 길, 사람의 길, 자기의 길을
찾기 위해
포기하지 말고
내팽개치지 말고
길을 밝혀서
적극적으로 살아보는 것

지혜는
익숙한 길을 가다가도
자기만의 방식을 돌아보는 능력이다
이것은
올바르게 살아가는 강인함이다

더 작게 더 소박하게

작은 것이 좋다
더 작고 더 소박한

사람 냄새가 좋다
물질보다 사람다움이

부족한 것이 좋다
더 작고 더 소박한

풀꽃 향기가 좋다
풍요보다 여유로움이

고요함이 좋다
첨단문명보다 산골마을이

보이지 않는 것을 추구하자
보이는 것에 집착하지 않도록

더 작게 더 소박하게

아들의 기도

아들의 어깨 아래 멈춘
어머니의 아담한 체구
54세에 과부가 되어
억척같이 6남매를 길러내셨습니다

자신의 몸이 부서지는 것은
아랑곳하지 않고
자식들을 먹여 살리기 위해
험한 농삿일과 바닷일을
그 작은 몸으로 견뎌내셨습니다

일흔일곱이 되신
어머니의 몸은
잠시
같은 자세로
서기도
앉기도
눕기도
힘겹습니다

아들은 철이 들어서
어머니가

손자와 손녀를 볼 때까지
살아계시길 기도했습니다

이제는
조금만 덜 아프고
곁에만 있어주시길 기도합니다

고향을 떠난 지 오래된
아들은
앞으로 딱 10년만
도시농부로 살다가
어머니가 살아계실 때
귀농할 수 있기를 기도합니다

홀로 23년째
고향 집을 지키고 계신 어머니
하루빨리 곁에서 모시고 싶지만
아들은
도시생활을 정리하는 게 쉽지 않습니다
어머니, 어머니
부디 오래오래 사시옵소서

사람살이

가난하게 태어난 사람은
주어진 처지를 불평하지 말고
자존심을 거머쥐고 살아야 한다

자존심의 땅에
신념의 씨앗을 심어
자부심이 싹트도록 살아야 한다

평범하게 태어난 사람은
주어진 것에 자족하며
지혜롭게 살아야 한다

가진 자와 수혜자의 틈에 끼어
소외받지 않도록
당당하게 살아야 한다

부유하게 태어난 사람은
주어진 것을 자랑하지 말고
겸손하게 살아야 한다

붉은 꽃의 아름다움이 오래가지 못하듯
인생이란
잠깐 보이다가 없어지는 안개리니

어머니

호미 한 자루에
고무 다라이 이고
갯바닥에서
굴을 따시던
그땐
매서운 겨울바람이 마냥 싫었습니다

반 평생
물동이 이고
물을 길었던,
먼 길 냇가에서
빨래하시던
그땐
철이 없어 소홀했습니다

소마구 치고
거름 만들고
밭 갈고 씨 뿌리고 타작하던
한 평생
그 힘든 농사일은
부모님의 일인 줄만 알았습니다

내 나이
오십이 된다면
그땐
어머니의 마음을 헤아릴 수 있을까요

지난날의 잘못과
어리석음을
산수연이 되고서야
뉘우칩니다
어머니의
크신 사랑에
보답할 길 없지만
이젠
당신의 든든한
버팀목이 되어보겠습니다

살아계신 존재
하나만으로
큰 힘이 되는
어머니를
사랑합니다

에필로그

한 해를 마무리하는 늦가을에 대구지역 장애인복지관 종사자 보수교육의 준비위원으로 보수교육을 준비했다. 보수교육은 경주 콩코드호텔에서 1박 2일 동안 열렸다. 대구지역에 있는 5개의 장애인복지관 종사자들이 교육을 받으면서 쉼을 얻는 프로그램이다. 내가 맡은 임무 중 하나는 보수교육의 강사 중 용혜원 시인을 마중하고 배웅하는 일이었다.

이것이 시인과의 두 번째 만남이다. 시인의 강의를 들은 사람들은 확연하게 상반된 반응을 보였다. 너무 좋고 감동적이라는 반응과 시끄럽고 정신이 없다는 것. 당연히 나는 전자이다. 얼마나 감동을 받았는지. 시인의 폭발적인 에너지원이 무엇인지 궁금했다. 시인을 닮고 싶었던 것이다.

한 시인의 감동적인 강의와 그 삶대로 살고 있는 시인을 보면서 나도 시인이 되어야겠다는 꿈을 꾸었다. 누구 하나 읽어주지 않아도 내 삶을 바꿔준 시인의 이야기가 이제는 나의 시가 되어 내 삶을 바꿔줄 시를 쓰고 싶었다.

무조건….

해설

일반적으로 해설은 인문학 교수나 저명한 시인이 하는 게 보통이다. 하지만 이 시집의 해설은 지은이가 직접 썼다. 하긴 등단도 하지 않은 무명 시인의 시가 무슨 해설의 가치가 있을까. 그래서 직접 쓰기로 했다. 시에 대한 해설은 지은이가 제일 잘할 수 있다는 고집으로. 하지만 시평이나 어떤 한 문장의 글이라도 시인이 되어야겠다는 동기부여를 해준 용혜원 시인이 해 준다면, 그럴 가능성이 조금이라도 있다면 얼마나 좋을까라는 생각만 해본다.

행복이란
믿음의 터 위에
사랑 반석 다지고
결혼이라는 주춧돌 놓고
가족이라는 기둥을 세워
책임감이라는 지붕 얹고
실패와 절망 막아줄 벽 바르고
그 사랑 영원히 식지 않도록
보일러를 시공하고
알콩달콩 벽지와
장판을 까는 것이다

행복이란
로또처럼
이유 없지 않고
관심 정원을
일상에서 가꿀 때
비로소
찾아오는
세 잎 클로버

행복은
웃음을 선택하고
사랑을 연습하는 길
오늘도 나는
너를 위해
행복을 연습한다

「행복연습」 전문

행복연습은 이 시집의 제목이고 사실 자작시 중에서 가장 애착이 가는 시다. 행복도 연습해야 한다는 명제 아래 어떻게 행복을 연습할까 고민하다 집을 짓는 과정과 방법을 연동시켰다. '믿음의 터와 사랑 반석'을 다지는 것은 집을 짓기 위해 가장 중요한 기초공사요, 결혼은 가족을 구성하는 가장 쉬운 방법이고, 책임감의 지붕과 실패와 절망을 막아 줄 벽을 시공하면 집의 형태가 완성된다. 그다음은 인테리어 공사를 할 차례다. '그 사랑 영원히 식지 않도록/ 보일러를 시공하고/ 알콩달콩 벽지와/ 장판을 까는 것이다'로 1연을 완성했을 때 나도 어쩌면 시인이 될 수 있겠다는 근거 없는 자부심이 생겼다.

클라이슬러는 '수많은 사람이 인생에서 성공하지 못하는 이유를 기회가 문을 두드릴 때, 뒤뜰에 나가 네 잎 클로버를 찾기 때문'이라 했다. 마치 수많은 사람들이 로또의 대박을 기대하는 것처럼. 하지만 행복은 대박을 꿈꾸는 게 아니라 현재에 관심을 두는 것이고 나와 가장 가까이 있는 이와 웃고 사랑을 연습하는 것이다. 오늘도 우리는 누군가를 위해 행복을 연습할 수 있다. 그 상대를 쉽게 선택할 수 없다면, 나를 상대로 우선 행복을 연습해 보자.

너 나를 위해
무엇하나 주지 않아도
아쉬워하지 않도록
아무런 욕심 없이
너와 있는 것만으로
웃을 수 있는 나이고 싶다
작은 오해와 실망에도
지금까지의 너를
다르게 보지 않도록,
뜨거운 열정보다는
언제나 한결같은 마음으로
너를 바라보고 싶다

내 앞에서 언제나
행복한 웃음을

보이기보다
가슴이 벅찬 날에는
실컷 울고 눈물 닦으며
풋풋한 웃음 보이는
너의 마음 편한
나이고 싶다

「사랑을 위한」 전문

20대 중반에 썼던 일기장을 보다가 이 시를 발견했다. 아내와 교제를 시작하고 9일째 되던 날 쓴 시. 스물여섯 살의 10월 23일. 그 당시에 핸드폰 커플 요금제는 밤 12시부터 무료통화가 가능했다. 핸드폰을 귀에 대고 누워서 1시간도 넘게 통화하다가 먼저 자라 서로 양보하던 추억이 있다. 이 날도 아내와 통화를 마친 후 시를 쓴 것 같다. 20대에 이런 시를 쓰다니…. 상당 부분을 수정했지만, 20대의 연애시절이 그려지는 그리운 시다.

고요함
어두움
하늘의 별
안전한 물
깨끗한 공기
건강한 먹거리
넓게 트인 푸른 대지
농부의 쟁기질
가뭄의 고통과 해갈의 기쁨

멱 감는 강
무더운 여름날의 계절감
이웃사촌
정
불편
족함
느림과 기다림
진정한 행복

옛날에는
아무 수고 없이 구할 수 있고
넘칠 만큼 많았던
지금은
하늘의 별 따기가 된
문명사회가 만들어 낸 것들

「불감증」 전문

"옛날에는/ 아무 수고 없이 구할 수 있고/ 넘칠 만큼 많았던/ 지금은/ 하늘의 별 따기가 된/ 문명사회가 만들어 낸 것들"이 이것뿐이겠는가! 아마도 이 시에서 열거한 것들이 도시농부로 살면서 농사와 환경에 관심을 갖다 보니 이렇게 밖에 열거하지 못한 것 같다. 개인적 성향으로는 많은 사람들과 어울리는 것보다 고요하고 조용한 것을 좋아한다. 하지만 문명사회가 만들어낸 도시는 두터운 커튼을 치지 않고서야 깊은 잠을 청할 수 없다. 공기와 물뿐 아니라 빛이 공해가 된 시대가 이미 현대사회이다. 알고 보면 불편했지만 겨우 선풍기 한 대로 한여름의 더위를 달래야 했던 어린 시절이, 언제 어디서나 팬티만 입고 강과 바다에서 수영할 수 있었던 그 시절이 더 행복했고 자유로웠던 것 같다.

현대사회는 너무 쾌적하고 불필요하게 편리하고 불편을 느낄 여유도 주고 싶지 않은 것 같다. 현대문명은 쾌락을 느끼지 못하게 만드는 일종의 불감증을 제조하는 혁신기술임이 분명하다.

삼면이
투명한 유리 벽
앞이 훤하게 트인
솔마루 공원 맑은 집

여름의 뜨거운 태양과
겨울의 매서운 바람을
소박하게 막아주는
솔마루 공원 맑은 집

이 집에 들어오면
한 가지 소원만 애타게 기다리니
참으로 쉽지 아니한가
내 삶도 이렇게 소박했으면.

「맑은 집」 전문

'솔마루 공원 맑은 집'은 버스정류장 이름이다. 우리 집 앞에는 솔마루 공원 버스정류장이 있다. 부산의 정관신도시에는 아름답고 의미 있는 이름을 가진 공원과 지역명이 많다. '솔마루 공원'의 이름을 딴 솔마루 공원 버스정류장 이름도 참 예쁘다. 시인은 정류장을 '맑은 집'으로 묘사했다. 여름의 뜨거운 태양과 겨울의 차가운 바람을 완벽하게 막아주지는 못하지만 작고 소박하게 만든 정류장은 많은 사람들의 이용 목적을 달성하기에 충분하다. 우리는 인생에서 너무 많은 것을 가지려거나 이루려고 애쓰는 것은 아닐까? 더 작게 더 소박하게 사는 것도 의미 있는 인생임을 묵묵히 사계절을 버티고 서 있는 저 버스정류장을 보며 생각해 본다.

> 나는 너에게
> 행복을 명령한다
>
> 뜨거운 햇살 아래
> 감내 카페
>
> 잠깐의 쉼이
> 이토록 달콤한데
>
> 뛰는 심장이 있음에
> 감사할 따름.
>
> 「감내 카페」 전문

2016년 7월의 무더운 여름날. 발달장애인 요양보호사 일자리 사업에 참여하는 장애인 근로자들과 함께 감천문화마을로 야유

회를 떠났다. 감천문화마을을 찾아 벽화를 감상해야 하는데 뜨거운 태양을 피해 감내 카페를 들렀다. 내가 시를 쓴다는 사실을 알고 있던 임신열(지적장애인 근로자) 친구가 방명록을 펼치며 시 쓰기를 강요했다. 10분 동안 펜을 들고 있다가 순식간에 써버린 시. 감내 카페 방명록 어느 페이지엔가 이 시가 있겠지…

아홉 살의
마지막 밤은
까마득히 지워진 밤,
곱씹고 곱씹어도
알 수 없는 인생이다

「잠 못 이룬 밤 2」 1연

'잠 못 이룬 밤 2'는 각 연령대의 마지막 밤에 대한 이야기이다. 아홉 살 인생의 마지막 밤은 까마득하여 지워진 기억을 되새기기가 쉽지 않다. 아마도 본능에 충실하느라 바쁜 나날을 보낸 것 같다.

열아홉 살의 마지막 밤은 교회 친구들이랑 송년모임으로 밤을 지새웠다. 지금도 생각난다. 십 대의 마지막 밤을 보내며 눈곱만큼도 아쉬워하지 않았던 그 기뻤던 시간을. 그 시절 교회 행사는 지역의 큰 문화행사였다. 크리스마스이브와 송년회는 '문학의 밤'과 같은 재미있고 즐거운 문화행사가 있었고 교회를 다니지 않던 친구들도 즐겨 찾곤 했던 선진문화였다. 놀이나 문화생활이 딱히 없었던 그 시절엔.

스물아홉 살의 마지막 밤은 슬퍼 잠 못 이룬 밤이었다. 이십 대의 마지막 밤을 붙잡고 잠 못 들며 아쉬워했다. 기분 나쁜 밤이었다. 이루지 못한 꿈과 미래에 대한 걱정, 퇴사와 이직의 갈등이 범벅이 되어 엉망진창인 밤을 맞이했다. 이십대여 가지 마라, 아쉬워했다. 삼십대여 오지 마라, 거부했다.

서른아홉 살의 마지막 밤은 왠지 알 수 없는 묘하게 기분 좋은 밤이었다. 가진 자의 여유라고나 할까. 결혼 10주년이 다가오고 아들 하나 딸 하나 빠진 것 없이 갖추었고, 새집은 아니어도 네 식구가 먹고 살 집도 장만하고, 하루 세 끼 정도는 충분히 먹을 수 있는 월급도 있고, 무엇보다 건강하니 더 이상 필요한 게 없을 지경이다. 이 무렵, 아내는 거의 10년 동안 아이를 돌보느라 고생했던 전업주부를 마치고 직장을 구했다. 그동안 외벌이로 살다가 맞벌이를 하니 엄청난 부가 축적되었다. 남들이 실상을 알면 비웃겠지만. 결혼 후 삼십 대 후반까지 외벌이로 장애인복지관에서 근무했다. 열심히 한다고 했으나 많은 실패와 방황을 했다. 이런 갈대와 같은 삼십 대의 남편을 아내가 옆에서 든든히 지켜주었으나 그 간의 고생이 버거웠는지 '메니에르'라는 희귀병을 앓았다. 구토와 어지름으로 한참을 고생한 끝에 왼쪽 청력을 잃었다. 삼십 대의 방황을 제대로 하느라 가장 중요한 것을 잊은 체, 나의 문제에만 틀어박혀 이기적으로 살았다. 마흔아홉 살의 마지막 밤은 아직 몇 년쯤 남았지만, 아쉽도록 지나가는 세월을 부여잡고 좋은 추억을 회상하고 싶다.

40세부터 작은 농사를 짓고 있다. 주말과 아침시간을 이용하여 농부의 삶을 병행하고 있다. 부산 귀농학교에서 도시농부 과정을 배우면서부터 5년째 도시농부로 생태적이고 행복한 삶을 살고 있다. 식탁은 내가 직접 키운 채소와 건강식으로 풍성하다. 올해는 자연농에 관심을 갖고 공부를 시작했고 20평 정도의 텃

밭을 자연농으로 전환할 생각이다. 도시농부의 삶은 내 인생에서 중요한 전환점이 되었다. 유기농과 자연농은 자연과 사람이 조화를 이루는 삶이 얼마나 소중한지 가르쳐 준 스승이다.

쉰아홉 살의 마지막 밤은 여전히 좋은 인생이다. 누가 예순을 제2의 인생이라 했던가? 하지만 새로운 인생을 살아야 할 만큼 애쓰고 싶지 않다. 여태 것 살아온 인생을 정리하고 청산하고 계산하여 불필요하게 많은 것은 나누고 부족한 것은 자족하며 살고 싶다. 어차피 더하기 인생이 아닌가! 누가 태어나면서 색동옷을 입고 나왔나? 벗은 몸으로 태어나 천국으로 가져갈 수 없도록 버거울 만큼 모았으니 이제는 쓰면서 살고 싶다. 죽을 때쯤 이 땅에 남길 아쉬운 물건이 없도록 비우는 삶을 살고 싶다. 채워도 채워도 차지 않는 게 사람의 욕심이요 탐심이라 했는데, 그런 몹쓸 병에 걸리면 어떡하나 걱정이 되기도 한다.

예순아홉 살의 마지막 밤은 구태여 무엇을 더 구하고 싶지 않다. 그동안 얼마나 많은 것을 바라 왔던가! 이제는 사람살이를 마감하고 싶다. 유병장수의 시대 100세의 시대라 했던가. 그리 오래 살 필요가 있을까? 인생의 마지막 밤에 하나의 소원이 있다면, 늙고 병들어 죽고 싶지 않다는 것이다. 기운이 진하여 조상들이 간 그 길로 가 인생을 완성하고 싶다. 더 이상의 고행을 멈추고 싶느니, 더 이상 눈 뜨고 못 볼 것을 멈추고 싶느니, 창조주님 평안한 밤을 허락하소서.

키가 148 센티미터요
탄탄한 체력과
환상적인 눈웃음의
슈퍼 마리오를 닮은
지적장애 26세 청춘 권준호

「느린 혁명」 1연

나는 두 번째 직장에서 사직서를 제출하고 3개월을 백수로 쉬다가 2011년도에 부산으로 직장을 옮겼다. 내가 맡은 주 업무는 장애인복지관에서 취업을 희망하는 장애인들을 상담하고 사업체를 개발하여 취업을 지원하는 업무였다. 처음 살아보는 부산에서 모든 것이 생소한 이곳에서 준호는 내가 처음으로 취업까지 성공한 장애인 친구였다. '느린 혁명'은 그동안 함께해온 준호의 취업 성공기가 감동적이어서 지은 시다. 이 시를 짓고 6개월 후 준호는 하늘나라로 갔다.

어느 월요일 오전 준호가 일하고 있는 사업체의 실장님으로부터 연락이 왔다. '선생님, 준호가 죽었데요. 토요일에도 일 잘하고 갔는데 가슴이 답답해요.' 곧바로 어머니에게 전화를 했다. 다 죽어가는 목소리로 흐느끼며 자초 지경을 얘기했다. 새벽 5시 즈음에 큰 소리가 나서 깼는데 준호가 화장실에서 쓰러져 있었단다. 119를 부르고 심폐소생술을 해서 겨우 의식이 돌아왔는데 다시 혈압이 많이 낮아져서 가장 가까운 남산동 침례병원에 입원했다. 머리가 아프고 어지럽다는 마지막 말을 남기고 다시 의식을 잃었다. 수술도 하지 못하고 먼 길을 떠났다. 가족들은 정확한 죽음의 원인을 알지 못했다. 다만, 이틀째 손이 저리다고 말했고 새벽에 쓰러졌으니 심장이나 뇌에 문제가 있지 않았나 추측할 따름이다. 만약 살아났으면 많은 후유장애가 있었을 텐데 죽을 때까지 효도하고 간다고 아빠는 말했다. 26세의 지적장애 청춘. 세 번째 직장에서 10개월을 근무하면서 이제야 좋은 직장과 동료를 만나 행복한 둥지를 틀기 시작했는데 갑작스러운 죽음은 사업체 동료들과 사장님도 장애인복지관 교사들도 무엇보다 가족들에게 충격이었다.

가족회의에서 아들의 장례를 아주 단출하게 하기로 했단다. 어떻게 도울까 고민하다가 우선 준호와 친하게 지냈던 고등학교 특수학급 단짝 친구들의 어머니께 연락해서 상황을 전달하고 자녀들과 함께 장례식장을 방문하도록 부탁했다. 지난 5년 동안 복지관에서 진행한 프로그램 사진들 중에서 잘 나온 사진과 동영상을 정리하여 CD에 담아 건네 드렸다. 5일 전에 사업체에서 찍은 동영상을 보면서 한참을 울었다. 지적장애인이 자동차 부품회사에 취업하기도 쉽지 않은데 준호는 인정받는 모범 사원이 되었다. 직무능력을 인정받아 감히 지적장애인에게는 주어지지 않는 대형 프레스 기계를 조작하고 있었다. 얼마나 감격스러운지 그 장면을 목격한 순간 곧바로 동영상을 찍었다. 다음 주에 있을 취업자 송년모임 때 어머니에게 보여 드리기 위해서다. 준호에게 모범 근로자상을 수여하기로 했는데….

복지관에서 취업을 준비하고 있는 훈련생들과 교사들, 취업한 친구들과 함께 장례식장을 방문했다. 어머니와 친구 한 분, 아버지만 빈소를 지키고 있었다. 모두들 한참 동안 서로를 바라보며 울기만 했다.

준호는 자신의 의사를 잘 전달하지 못하는 지적장애인이다. 그러기에 우리의 만남은 대화보다는 활동, 웃음과 미소, 눈빛으로 더 많이 소통했다. 준호의 환한 미소와 매력적인 눈웃음을 잊기는 어려울 것이다. 언제나 힘들지 않냐고 묻는 질문에 '괜찮아요, 안 힘들어요'라고 당당하게 대답하는 그 체력과 책임감에 박수갈채를 보냈다.

그동안 준호 덕분에 장애인 고용업무를 하면서 얼마나 행복했는지, 보람되었는지 모른다. 일을 하면서 지적장애인 친구에게서 이렇게 많은 감동과 교훈을 받을 줄은 상상도 못 한 일이다. 준호를 잊지 못할 것이다.

천천히
아주 천천히
왔다가
홀연히
떠나버린
너

너와 나눈
말은 적지만
너와 나눈
눈빛은
헤아릴 수 없으니
그 눈빛
어이 잊으리

26세
피 끓는 청춘은

어찌 하라고
그리도
급하게 숨어버렸나

이제
너의 웃음을
동무삼아
이 지겨운 생을
버텨보리

이제
너의 웃음과
어깨동무하고
네가 간 길을
미소 지으며
살아보리

힘들단 말일랑
혀끝에
머물지 못하도록
마냥
웃어보리

「홀연히」 전문

'홀연히'라는 제목의 시는 준호를 생각하며 지은 시지만 사실

준호의 부모님을 위해 지은 것이다. 준호가 죽은 후 5일 후에 복지관에서 취업한 장애인 근로자들을 대상으로 송년모임 행사를 했다. 이날 준호가 모범근로자상을 받기로 되어 있었다. 어머니께서는 꼭 아들의 상을 대신 받고 싶다고 했다. 힘들면 오시지 않아도 된다고 했지만. 결국 어머니는 송년모임에 참석해서 아들의 모범근로자상을 대신 받았다. 여자는 약하나 어머니는 강하다는 말은 사실인 것 같다. 장례의 모든 절차를 마친 후 준호의 부모님이 복지관을 방문했는데 이때 드리기 위해 쓴 시가 '홀연히'다. "이제/ 너의 웃음을/ 동무삼아/ 이 지겨운 생을/ 버텨보리// … 힘들단 말일랑/ 혀끝에/ 머물지 못하도록/ 마냥/ 웃어보리"는 준호의 어머니와 아버지를 위한 것이다. 준호처럼 그냥 웃자고, 웃어보자고…. 힘들어도 항상 '괜찮아요, 안 힘들어요!' 했던 그놈처럼.

생각만 해도
눈물이 나는
사람이 있다

사진 속에서
동영상으로
가끔씩 그 친구를
한 참 들여다보다
눈이라도 마주치면
눈물이 난다

「그 친구」 1연과 2연

1년에 한두 번 준호네 가족들과 식사를 한다. '그 친구'는 준호네 가족들과 식사를 약속한 후 지은 시다. A4에 프린트를 해서 봉투에 넣었다가 전달하지 못한 시. 혹여나 죽은 아들을 더 생각나게 할까 봐. 시집이 나온다면 보여드릴 수 있을까?

귀농학교 학생이 되어
우수한 성적으로 졸업을 했다
선배들의 한마디 한마디가
틀린 것 없이 옳은 것 같은데
왠지 세상은 거꾸로 가고 있다

「가지 않은 길」 1연

얼마 전 '보노보노처럼 살다니 다행이다'라는 책을 감명 깊게 읽었다. 책을 읽으면서 나도 보노보노처럼 살고 싶다는 생각을 많이 했다. 이 책에는 "꿈 없이도 살 수 있으면 어른"이라는 말이 나온다. 어린 시절에는 하나의 꿈, 다음 꿈과 다음 목표와 같이 꿈이 삶의 원동력이 되어주지만, 어른이 되고 난 다음에는 꿈이 꼭 삶의 원동력이 되어 주는 건 아니라는 이야기다. 그렇게 대단한 것은 아니지만 나는 매년 하나 둘 정도의 하고 싶은 것이 생긴다. 아마도 나는 아직 어른이 되지 못한 체 어른 흉내를 내고 있는 것 같다. 비현실적이고 이상적인 삶을 꿈꾸는 아이처럼.

나에게 '가지 않은 길'은 '귀농의 삶'이 아닐까 싶다. 그것은 아직 나에겐 비현실적이면서도 이상적인 것이다. 애당초 귀농학교를 가지 말았어야 했는데, 우수한 성적으로 졸업까지 했으니 "선배들의 한마디 한마디가/ 틀린 것 없이 옳은 것 같은데/ 왠지 세상은 거꾸로 가고 있다"라고 깨달은 것이다. 현대사회는 모든 분야에서 혁신을 강조하고 있다. 혁신을 강조하는 사회에서 농부는 그렇지 못한 직업으로 대우받고 있다. 하지만 나는 사람을 살리고 땅을 살리는 농부가 21세기의 희망이라고 생각한다. 그래서 나의 아이들은 이 땅에서 농부의 삶을 선택하면 좋겠다고 자주 이야기한다. 혹여나 그렇지 못하더라도 도시농부로 살면 좋겠다. 보이는 것에 집착하지 않으면서 보이지 않는 것을 추구하며 살면 좋겠다.

호미 한 자루에
고무 다라이 이고
갯바닥에서
굴을 따시던
그땐
매서운 겨울바람이 마냥 싫었습니다

「어머니」 1연

어머니의 산수연 축하 예식을 생신보다 앞당겨 2018년 3월 1일 부산에서 했다. 6남매와 조카들이 조금씩 역할을 분배하여 축하연을 준비했는데 누이의 강권으로 어머니에 대한 시를 쓰고 낭송을 했다. 어머니의 한 맺힌 세월을 고민에 고민을 더하여 쓴 시. 어머니는 겨울이면 호미 한 자루와 고무 다라이를 이고 갯가에서 굴을 따서 6남매 중 3명이나 대학을 보내셨다. 당시 아버지께서는 누이들이 중학교, 고등학교 가는 것도 반대하셨으니 모든 공이 어머니의 몫임은 분명하다. 가끔 어머니께서 딴 굴을 지게에 지고서 갯벌을 걸어온 적이 있다. 그게 참 힘들었던 기억이 있는데 한 겨울에만 딸 수 있는 굴이니 얼마나 추웠을까…. 시를 낭송할 때 우리는 모두 눈시울을 붉혔다. 간신히 나는 100번도 더 연습한 덕분에 울지 않고 낭송을 무사히 마쳤다.

일찍 돌아가신 아버지…. 살아계신 존재 하나만으로 위로가 되는 어머니….

나의 인생에서 시 쓰기란 행복한 시간이다. 2005년 11월에 시 쓰기를 시작하여 14년 동안 조금씩 쓴 시를 모아 한 권에 담아 나와의 약속을 지켰다. 계획보다 좀 늦었지만. 이 시를 읽는 독자들도 조그마한 행복이 느껴지기를 바라본다.

시평

용혜원 시인

시인은 시를 쓰는 사람이다. 자신의 삶을 언어 속에 마음껏 펼쳐 놓는 사람이다. 자신의 체험과 자신의 희망과 사랑을 시로 쓰는 사람이 시인이다. 이 세상의 모든 사람은 누구나 시인의 마음을 갖고 살지만 표현하지 않기에 시인이 되지 않을 뿐이다. 시인 임보는 시집 은수달 사냥 서문에서 "시는 영혼의 노래다. 시가 지닌 메시지는 단순한 의미가 아니라 시인의 '혼'을 담고 있는 것이어야 한다."라고 했다. 시인 김후는 그의 시 전집 "사람 사는 세상에" 서문에서 "시인은 생을 피동적으로만 살기에는 너무나 뜨거운 가슴을 가진 족속이다. 시라는 문학 형태는 다른 어느 분야보다도 감각적이고 열정적이며 가장 깊은 세계를 파악하려는 고차원적이고도 영원성을 지닌 것. 따라서 나 자신이 부단히 시인이고자 할 때 시를 창작하는 기쁨에는 또 하나의 근원에 접근하는 세계성 파악을 경험한다. 미세한 삶의 자락에서 보다 큰 생명력을 느낄 수 있고 감당할 수 없이 크나큰 세계에서 따사로운 삶의 입김을 감득한다는 건 귀중한 일이라 생각된다. 일상의 눈으로 보지 못하고, 느끼지 못하는 것, 미처 깨닫지 못하던 것을 시로써 현현시키고 구체화하는 작업, 여기에 존재의 확충이 있고 세계를 파악하는 문학적 미학이 성립되는 것이다. 나는 이것을 진주로 바꾸는 일에 비유한다. 이슬은 새벽 한때 영롱하게 빛나는 자연의 보석이다. 하나 햇빛이 닿으면 스러져 버린다. 그 유한성을 무한한 생명체로써의 진주라는 보석으로 형상화하는 것이 시인의 과업이라 여겨진다."라고 말하고 있다.

시인은 첫 시집에서 자신이 아직은 시를 쓰기에 부족하다는 것을 겸손하게 표현하고 있다. 시인의 출발점이 아름답다. 자신의 시 세계를 이제 점점 더 크게 펼쳐나가는 것이다.

어제는 미숙했지만
정직한 씨를 뿌리고
땀으로 밭을 일구었습니다

「행복한 날」 1연

시인이라면 시가 쓰고 싶어야 한다. 자신의 삶을 세상을 자신과 관계된 모든 것을 하나씩 하나씩 시로 표현해 나간다면 이 세상에서 가장 행복한 시인이 될 것이다. 시를 쓸 때 자기 작품에 자기만 도취되어 걸작품이라고 만족하고 좋아하면 안 된다. 독자가 없는 작품보다는 독자와 작품성을 골고루 갖춘 작품이다. 이런 작품은 널리 읽히고 독자들의 가슴에 남는 작품이다. 우리가 어떤 글을 써야 하는가는 스스로도 분명하게 알 수가 있다. 아무리 훌륭한 시인도 평생에 쓴 작품 중에 한 편 또는 몇 편만이 사랑을 받는 걸작이 된다. 그러므로 우리는 평생토록 글을 써 가며 좋은 작품을 만들어야 한다.

우리는 홀로 사는 것이 아니라 더불어 함께 살아간다. 그러므로 책을 읽고 묵상하고 경험을 통하여 글감을 많이 가져 열정을 갖고 계속해서 일생토록 꾸준히 써 내려가면 놀라운 걸작품이 탄생할 수 있다. 작가는 한순간에 되는 것이 아니다. 평생을 두고 작품을 써 나가야 한다.

시를 쓰고 싶습니다

내 인생을
아름답도록
시를 쓰려합니다

「시인의 시처럼 1」 중에서

시인의 삶은
한 잔의 커피처럼
향기롭습니다

「시인의 시처럼 2」 3연

시인이 되려면 언어 구사 능력이 있어야 한다. 늘 사용하는 언어라도 새롭게 사용할 줄 알아야 한다. 새로운 변화를 주어야 늘 새롭게 시를 쓸 수가 있다. 이 모든 것을 땀 흘리는 노력이 있어야 하고 인내심이 필요하다.

보이지 않는 것은
보이는 것보다 위대하다

「가지 않은 길」 중에서

시인되었으니 다른 시인이 가지 않은 길을 스스로 만들어 가야 한다. 아픔도 고통도 있을 것이다. 예술은 피와 땀과 눈물과 고통과 절망과 사랑이 없이는 이루어질 수 없다. 시인이라면 평생동안 자신의 시를 쓰고 독자들을 만나는 기쁨 속에 살아야 한다. 이제 시인으로 출발하였으니 심혈을 기울여 좋은 시를 써서 독자들의 사랑을 오랫동안 받는 시인되기를 바라는 마음이 간절하다.